Mindset für Frauen
Erfolg ist weiblich

Von Johana Twill

- Einleitung 4
- Erfolg ist weiblich 7
- Gelernt ist gelernt 8
- Mindset - was ist das eigentlich genau? 11
- Deine Aussteuer - deine Last? 15
- Neuroplastizität 18
- Dein Unterbewusstsein 23
- Glaubenssätze 31
- Wie siehst du die Welt? 36
- Wie lautet der Deal? 41
- Teil 2 - Die Praxis 45
- Affirmationen und Suggestionen 48
- Du bist der Regisseur! 65
- Time to say goodbye 67

Einleitung

Frauen sind schon eine witzige Spezies. Viele von uns sind aus irgendeinem Grund durch und durch von Selbstzweifeln zerfressen. Das nimmt mitunter schon manchmal Formen der Selbstzerstörung an. Das Kuriose ist, dass dies wirklich ein Frauenthema ist. Ich arbeite seit 10 Jahren als Coach und Therapeutin und nie ist mir ein Mann untergekommen, der an sich in der Art zweifelt, wie es eine Frau tut. Sicher, die Herren der Schöpfung zweifeln manchmal an ihren Entscheidungen oder ob sie nicht hätten etwas besser machen können oder ob ihr Bizeps groß genug ist. Aber diese tiefe innere Unsicherheit aus den tiefsten Ebenen der Seele ist mir immer nur bei Frauen begegnet.

Das macht mich oft traurig, manchmal sprachlos und sehr häufig wütend.
Denn: Was könnte die Welt sein, wenn wir Frauen öfter zu uns selbst stehen würden? Zu dem, was uns ausmacht. Was mich daran vor allem wütend macht, ist, dass es seit Jahrzehnten immer noch die gleichen Muster sind, die Frauen daran hindern, wahrhaftig erfolgreich zu sein. So, wie sie es möchten und wie es ihnen zusteht.

Leider können wir Frauen den Männern nicht die Verantwortung für diesen Umstand zuschieben. Denn es gibt immer einen, der etwas macht, und einen anderen, der etwas mit sich machen lässt. Und wir Frauen sind wirklich Meisterinnen darin, uns klein zu machen und uns unterzuordnen.

Da können wir noch so sehr nach einer Frauenquote schreien oder nach Gleichberechtigung bei den Löhnen - solange unsere innere Haltung zu uns selbst und zu dem, was wir wert sind, nicht stimmt, werden weiterhin Generationen von Frauen in der zweiten Reihe stehen. Egal wie gut, wie gebildet, wie kreativ oder begabt sie sind. Solange wir von uns selbst nicht so viel halten, wie wir sollten, werden wir nicht erfolgreich sein.

Keine Angst, dieses Buch wird keine glühende Feminismus-Bibel. Aber im Vergleich zu unseren Artgenossen der Kategorie Mann schneiden wir wirklich schlecht ab, was das Mindset und den Erfolg betrifft. Nicht, dass du mich falsch verstehst, es geht hier nicht um den Kampf, wer besser oder schlechter ist. Mädchen gegen Jungs oder so einen Quatsch. Es geht darum, dass unsere Haltung zu uns selbst oft nicht genügt, um den Erfolg in unserem Leben zu kreieren, den wir verdient haben.

Die Männer können das aus verschiedenen Gründen, die wir uns anschauen werden, einfach besser. Aber das muss ja nicht so bleiben. Denn schließlich macht sich mit dir, die du gerade dieses Buch liest, eine weitere Frau auf den Weg, genau dieses Missverhältnis aufzulösen. Nicht, um den Männern eins auszuwischen, sondern um ein glückliches und erfülltes Leben zu leben und sich nicht selbst dabei im Weg zu stehen.

Ich wünsche dir für diesen Weg von Herzen das Beste. Ich bin stolz auf dich und danke dir, dass du den Mut hast, deinen Träumen zu folgen.

Deine Johanna Twill

Erfolg ist weiblich

Ja, warum eigentlich, wieso sollte Erfolg weiblich sein? Ganz einfach, weil wir Frauen für das Empfangen gemacht wurden. Die Natur hat die weiblichen Kräfte zum Empfangen ausgestattet. Die Frage ist nur, gestatten wir uns das Empfangen?
Keine Angst, es geht hier nicht um die Kinderfrage. Es geht vielmehr darum, ob wir annehmen können, was auf uns zukommt.
Oder ob wir als Frauen nicht schon in so eine "Nein, danke, ich krieg das schon hin"-Haltung verfallen, wenn uns z.B. einmal Hilfe angeboten wird. Wir lehnen ab. Und das machen wir nicht nur bei Hilfsangeboten. Wir lehnen häufig auch das Glück ab oder uns, wenn wir die Angelegenheiten anderer wichtiger nehmen als die eigenen.
Wir handeln oftmals vollkommen wider unsere Natur als Frauen und darin liegt eine der größten Erfolgsblockaden. Wir sind so sehr im Geben, dass wir das, was wir nehmen könnten, gar nicht sehen. Es steht parat, aber wir sind so sehr damit beschäftigt, alle um uns herum zufrieden zu machen, dass wir uns selbst manchmal vergessen oder einfach nicht mehr genug Energie dazu da ist.

Reflektion:
Erlaube ich mir zu empfangen? Gebe ich häufiger als zu nehmen?

Gelernt ist gelernt

Vielleicht hast du dich in den ersten Zeilen dieses Buches schon wiedererkannt. Vielleicht bist du auch eine ganz typische Frau. Es ist wirklich schade, das zu sagen, aber es ist normal für eine Frau, an sich zu zweifeln. Das heißt nicht, dass es gut ist oder wünschenswert. Es entspricht der Norm. Wir haben uns so weit von uns selbst entfernt, dass so viele Frauen nicht liebevoll und wertschätzend mit sich selbst umgehen, dass es zur Normalität geworden ist. Dass du jetzt diese Zeilen liest, zeigt, dass du dich mit dieser vermeintlichen "Normalität" nicht zufriedengeben möchtest.
Und dennoch kommt dir dieses Verhalten bekannt vor? Warum eigentlich, wenn du es nicht haben möchtest? Warum scheint diese typische Blockade doch für dich gültig zu sein und warum kannst du dich nicht so einfach von ihr lösen?

Ganz einfach: Gelernt ist gelernt. Weißt du noch, wie du das Fahrradfahren oder schwimmen gelernt hast. Am Anfang war es nicht so einfach, du musstest üben. Du hast es immer wieder geübt und trainiert und schließlich konntest du es. Aber hast du mal versucht, es wieder zu verlernen?
Wie soll das denn gehen? Das hast du dich sicher noch nie gefragt.

Fakt ist: Etwas Erlerntes, was dir in Fleisch und Blut übergegangen ist, kannst du nicht einfach wieder verlernen. Es ist "installiert" und du kannst es nicht einfach löschen.
So ist das auch mit jedem Verhalten. Moment mal, denkst du jetzt vielleicht. Das würde ja bedeuten, dass ich mich gar nicht mehr verändern kann? Was für eine schreckliche Vorstellung.
Und nein, du hast Recht, so ist es in der Tat nicht. Aber du musst deinem Verhalten bzw. deinem Können etwas Stärkeres entgegensetzten. Du verlernst es dadurch nicht, aber du wirst dafür sorgen, dass es etwas gibt, was du besser kannst.

Nehmen wir einmal an, dein Ziel ist es, möglichst schnell von A nach B zu kommen. Du könntest jetzt natürlich Radfahren. Damit bist du aber nicht besonders schnell. Du kannst also etwas Anderes lernen, wie z.B. Motorrad fahren. Damit bist du definitiv schneller. Um dein Ziel schnell zu erreichen, wirst du vermutlich eher zum Motorrad als zum Fahrrad greifen. Du kannst jetzt einfach beides und musst das eine nicht verlernen, du kannst es ja gar nicht verlernen. Aber du musst auch nicht dabeibleiben und bis an dein Lebensende nur mit deiner Muskelkraft von A nach B fahren, weil du das jetzt auch effektiver kannst.

Warum erzähle ich dir das eigentlich alles? Ganz einfach, weil du auch einmal etwas gelernt hast, was dem Fahrrad gleicht, wenn es um deinen Erfolg geht. Dabei könntest du das Motorrad nehmen, um an dein Ziel zu kommen. Du hast aber bisher nur Fahrradfahren gelernt und bis jetzt steht dir noch keine Alternative zur Verfügung, die dich schneller und effektiver an dein Ziel bringt.
Es wird also Zeit, deine Führerscheinklasse EM zu erwerben.
EM wie Erfolgsmindset.

Mindset - was ist das eigentlich genau?

Mindset kommt, wer hätte es gedacht, aus dem Englischen und es gibt vielerlei Übersetzungen:

- Einstellung
- Orientierung
- Haltung
- Mentalität
- Denkweise
- und, und, und.

Ich persönlich stelle es mir immer wie eine Art Inventar vor. Eine Einrichtung, die wir in unserem Inneren tragen. Früher wurde den jungen Bräuten immer eine Aussteuer mitgegeben.
Eine große Kiste mit Hausrat, um den Ehe-Deal wertvoller zu machen.
Frau bekam also von ihren Eltern als, sozusagen, Abschiedsgeschenk noch ein paar wertsteigernde Ausstattungsgegenstände geschenkt.

Und im Prinzip ist es mit dem Mindset nicht anders als mit der Aussteuer. Wir bekommen von unserer Herkunftsfamilie und unserem sozialen Umfeld ein Mindset mitgegeben. Denn gerade in den ersten Jahren unseres Lebens können wir nicht selbst bestimmen, was in unsere "geistige Aussteuerkiste" kommt.

Dein Mindset bestimmt weitestgehend, ob du erfolgreich im Leben sein wirst oder nicht. Mal ganz davon abgesehen, dass Erfolg ja sehr unterschiedlich empfunden wird.
Dein Mindset bestimmt nach deinem Maßstab, ob du dein Leben als erfolgreich und glücklich bewertest oder nicht. Es ist der Hebel, der dein Leben glücklich, erfolgreich und gesund gestalten kann oder dich von einer Enttäuschung zur nächsten bringen wird.

Die Motivationspsychologin Carol Dweck forscht schon seit Jahren am Thema Mindset und hat dabei herausgefunden, dass sich Mindset in zwei Typen einteilen lässt:

- ein starres Mindset
- ein dynamisches Mindset

Menschen mit einem starren Mindset rücken nicht so einfach von ihrer Meinung ab. Sie sind unflexibel im Umgang mit Herausforderungen. Ja, sie meiden sie sogar, um keine Niederlagen erleiden zu müssen. Sie können auch nur schwer mit Niederlagen umgehen und verstecken sie möglichst. All diese Verhaltensweisen weisen darauf hin, dass diese Menschen nur schwierig mit seelischen Schmerzen und Ängsten umgehen können. Ich persönlich finde es immer sehr schade, Menschen so erleben zu müssen, denn sie sind meist genauso talentiert und besitzen genauso viel Fachkenntnis, wie die Menschen mit einem dynamischen Mindset. Der einzige Unterschied ist sozusagen die Brille mit der sie die Welt betrachten und wie sie mit ihren eigenen Emotionen umgehen. Die einen sind agil und in der Lage sich emotional anzupassen und die anderen haben so viel Angst davor, verletzt zu werden, dass sie mental erstarren.

Menschen mit einem dynamischen Mindset sind das, was wir gemeinhin als Stehaufmännchen (oder in unserem Fall Stehauffrauchen ;)) kennen. Solche Personen haben nicht etwa weniger Herausforderungen im Leben. Im Gegenteil: Durch ihre Neugierde und ihren Willen, immer neue Erfahrungen zu machen, sind die Herausforderungen sogar dichter gesät.
Es sind diese Menschen, von denen man denkt: "Die haben einfach immer Glück".
Natürlich ist das Glück nicht von einigen wenigen Leuten gepachtet.
Es ist, wie auch alles andere, gleichmäßig verteilt.

Nur ist die Bewertung ihrer eigenen Erfahrungen und Erlebnisse von Frauen (und natürlich auch Männern) mit einem dynamischen Mindset positiver. Angst und Verletzung spielen für sie eine geringere Rolle und werden häufig schneller verarbeitet.

> *Reflektion:*
> *Verfüge ich über ein dynamisches oder ein starres Mindset?*
> *Wie würde mir der Mensch der mir am nächsten steht, diese Frage beantworten?*

Deine Aussteuer - deine Last?

Wo wir gerade bei der Aussteuer waren.
Woher bekommen wir eigentlich unser Mindset?
Ja, es ist tatsächlich so, dass die größten Mindset-Anteile aus unserem Herkunftsumfeld und unseren Herkunftserfahrungen stammen.
Du magst jetzt sagen: "Ja, aber das ist doch schon so lange her und ich bin doch so viel älter, ich habe doch so viele andere Dinge erlebt mittlerweile."
Da hast du Recht!
Allerdings sind es eben auch die ältesten Erfahrungen, die du in deiner "Mindset-Kiste" hast.
Das Interessante ist ja, dass man nicht unbedingt sagen kann:

Gute Kindheit = dynamisches Mindset = Erfolg
Schlechte Kindheit = starres Mindset = Misserfolg

Nein, so einfach ist es leider nicht. Wir können uns nicht auf die schlechte Kindheit berufen und sagen: "Tja, Pech gehabt, es lohnt sich einfach nicht, nach Erfolg zu streben, weil ich eine schlechte Kindheit hatte."

Es gibt einfach viel zu viele Beispiele für Frauen, die ungünstige Startbedingungen hatten und dennoch heute sehr glücklich und sehr erfolgreich sind.

Ein paar Beispiele gefällig?

Demi Moore - die amerikanische Schauspielerin hatte keine leichte Kindheit. Der leibliche Vater verließ die Mutter noch während der Schwangerschaft. Gemeinsam mit dem neuen Stiefvater zog die Familie wegen wechselnder Jobs ständig um. Als sie 15 Jahre alt war, nahm sich der Stiefvater das Leben. Heute ist Demi wohl das, was man einen Hollywoodstar nennt.

Rhianna - Die Sängerin, die heute mit ihrer tollen Stimme und Präsenz als Weltstar gefeiert wird und schon einige Grammys abgeräumt hat, musste schon sehr früh Verantwortung für ihre jüngeren Geschwister übernehmen. Ihr Vater war drogen- und alkoholabhängig. Sarah Jessica Parker, der „Sex and the City"-Star, wuchs mit sieben Geschwistern auf. Die Familie lebte von Sozialhilfe und wenn das Geld mal wieder aufgebraucht war, wurde oft der Strom wegen unbezahlter Rechnungen abgestellt.

Es gibt etliche Beispiele dafür, dass auch erfolgreiche Frauen nicht mit dem "Silberlöffel im Mund" geboren wurden. Auch wurde ihnen unter diesen Umständen sicher kein dynamisches Mindset in die Wiege gelegt. Sie haben also irgendwann gelernt, selbst ein Erfolgs-Mindset aufzubauen.

Und das ist die gute Nachricht! Egal, wie alt dein Mindset ist, wie lange du schon ein starres Mindset mit dir herumschleppst, du kannst es ändern! Du kannst dich entscheiden, ein dynamisches Mindset zu etablieren.

Ich möchte dir nichts vormachen. Es ist sicher keine Sache, die du mal eben zwischendurch erledigen kannst, und du musst dranbleiben, aber es ist möglich und du wirst über das Ergebnis staunen!
Wie geht das also nun? Wie erwirbt man ein flexibles Mindset?

Neuroplastizität

Hast du diesen Begriff schon einmal gehört oder ist er völlig neu für dich?
Keine Sorge, du musst dich. auch wenn du ihn noch nicht kennst, nicht gleich bei der Uni anmelden, um zu verstehen, was sich dahinter verbirgt. Und ich verspreche dir: Du wirst begeistert sein, was er bedeutet und vor allem, was du davon hast!

Unser Gehirn besteht etwa aus 86 Milliarden Nervenzellen! Diese Nervenzellen sind sehr gesellig. Im Englischen sagt man:

> "Cells that fire together, wire together."

Auf Deutsch klingt das leider nicht so sexy.
"Zellen, die zusammen feuern, verbinden sich."

Jetzt bist du wahrscheinlich immer noch nicht schlauer. Also mal ganz praktisch.

Stell dir ein starres Mindset vor. Es drückt sich in gewissen Gewohnheiten aus.
Frauen mit einem starren Mindset - oder nennen wir es ab jetzt mal schwaches Mindset - kennen folgende Verhaltens- und Denkweisen:

- der innere Dialog ist sehr selbstkritisch, fast schon zerstörerisch
- sie erwarten oft lieber Negatives, um nicht enttäuscht zu werden
- sie stellen sich selbst nie an die erste Stelle
- sie vergleichen sich häufig mit anderen
- sie haben große Selbstzweifel

Frauen mit einem dynamischen oder besser starken Mindset haben auch wiederkehrende Verhaltens- und Denkweisen. Diese sind, wie du dir bereits denken kannst, völlig anders gefärbt:

- sie haben einen liebevollen, motivierenden inneren Dialog
- sie erwarten einen guten Ausgang der Dinge
- sie kennen ihre Grenzen und benennen sie
- sie erkennen die eigene Individualität an
- sie haben sich lieb
- sie respektieren sich selbst

Kommen wir zurück zu den Nervenzellen.
Bei deinen geprägten Verhaltens- und Denkweisen ist es so, dass du sie schon sehr gut kennst. Du hast sie schon tausende, ja Millionen Mal durchgeführt.

Die Zellen in deinem Gehirn, die bei diesen Gedanken und Handlungen aktiv sind und elektrische Impulse zueinander weitergeben, sind sehr fest miteinander verbunden.
Denn das ist es, was dieser Satz bedeutet:
Zellen, die miteinander funken, verbinden sich.
Und je häufiger sie miteinander "funken", desto fester verbinden sie sich.
Und genau auf diese Art entstehen Gewohnheiten!

Deine Gewohnheiten - und dazugehört dein Mindset, denn es ist die Summe deiner mentalen Gewohnheiten - haben also eine feste Verbindung.
Das ist auch der Grund, warum wir Gewohnheiten meist sehr schwer loslassen können, wenn wir nicht einige Tricks beherrschen. Doch dazu später mehr.

Mit den Nervenzellen ist es in etwa so:
Stell dir eine Wiese vor. Du gehst das erste Mal über diese Wiese. Wenn du dich anschließend herumdrehst, siehst du, dass das Gras ein wenig platt liegt an den Stellen, wo du mit den Füßen drüber gelaufen bist.
Du gehst wieder zurück und das Gras legt sich noch platter. Das wiederholst du. Irgendwann wird an diesem Weg kein Gras mehr sein, sondern ein erdiger Trampelpfad. Irgendwann ist dieser Trampelpfad ziemlich breit und irgendwann ist er betoniert, letztlich ist er irgendwann so breit wie eine Autobahn. Es ist bequem, ihn zu gehen. Es ist breit, es ist sicher. Es gibt also keinen Grund, von dieser bequemen Autobahn wieder herunterzugehen.

Und genau so sehen das deine Nervenzellen auch. Die Verbindung ist wie eine bequeme Autobahn.
Aber vielleicht gefällt dir ja die Autobahn nicht. Vielleicht möchtest du eigentlich eine ganz andere Verbindung? Vielleicht möchtest du dich nicht mehr klein fühlen oder schuldig, wenn du dir mal etwas gönnst. Vielleicht möchtest du Nein sagen können, wenn dir etwas zu viel wird. Vielleicht möchtest du andere Gedankenmuster loswerden, die zu einem schwachen Mindset dazugehören?

Was machst du nun mit der Autobahn?

Die Antwort wird dich vielleicht überraschen! Du gehst an einer anderen Stelle über die Wiese. Du legst einen neuen Trampelpfad an. Du machst diesen Trampelpfad breit und bequem.
Was wird in dieser Zeit mit der Autobahn geschehen?

Kennst du Straßen, die nicht mehr befahren werden? Wie sehen diese Straßen aus?
Richtig, die Natur holt sie sich zurück! Aus den Fugen wächst Unkraut und die Baumwurzeln zerbröckeln von unten den Fahrbelag. Die Straße wird nicht mehr so bequem.

Man kann also etwas nicht verlernen, aber kann etwas anderes besser lernen. Man kann sich selbst die (neuronale) Freiheit schenken, eine Gedanken-Alternative zu haben.

Wir können also lernen, anders zu denken! Wir können ein anderes Mindset adaptieren und durch Wiederholung, also Neuverdrahtung, einen neue "Nervenautobahn" bauen.

Diese Nervenzellenverdrahtung kann man übrigens auch unter dem Mikroskop sehen. Man kann sehen, wie sich nach und nach ein neues Nervengeflecht bildet.
Es ist ein faszinierender Prozess, weil er uns zeigt, dass unsere Gedanken nicht einfach nur Luftblasen sind, die jetzt da und im nächsten Moment wieder weg sind.
Unsere Gedanken sind Energie, die Materie - in diesem Fall menschliches Gewebe - formen!
Und herzlichen Glückwunsch, auch du verfügst über diese Fähigkeit!

> *Reflektion:*
> *Welche Denkmuster und Verhaltensweisen sind meine Autobahn?*
> *Sind sie ein Zeichen für ein schwaches oder ein starkes Mindset?*
> *Welche Autobahn möchte ich als nächstes bauen?*

Dein Unterbewusstsein

Vielleicht bist du noch ganz verzaubert von der Idee, dir eine neue Autobahn zu bauen, dann sollte ich dir jetzt ganz ehrlich deinen größten Feind und auch deinen besten Freund bei diesem Unterfangen vorstellen.

Das Kuriose ist: Feind und Freund ist beides das Gleiche. Dein Unterbewusstsein.

Auch hier möchte ich erstmal eine Begriffserklärung und ein paar Bilder zur Verdeutlichung vorausschicken. Vielleicht hast du vom Unterbewusstsein auch schon unter dem Begriff Unbewusstes gehört. Sehr schön! Denn dieser Begriff ist fast ein wenig treffender. Beides meint jedoch das Gleiche.

Siegmund Freud, der Vater der Psychoanalyse, prägte den Begriff des Unterbewusstseins. Er ging davon aus, dass nicht zugelassene Triebe dorthin verdrängt werden und sozusagen von dort aus unbemerkt weiter über dich regieren.
Freud hatte einen starken Hang, das Leben des Menschen an seiner Sexualität und der Geschlechtlichkeit auszurichten.
Wenn es nach ihm geht, träumst du, wenn du von einem Zug träumst, der in einem Tunnel fährt, von....
Bingo! Einem großen Phallussymbol.

Freud sah die Ursache für die meisten Probleme auch häufig grundlegend im gegengeschlechtlichen Elternteil. So nach dem Motto: Alle kleinen Mädchen wollen ihren Papa heiraten.
So ganz verkehrt lag dieser Godfather of Psychotherapie ja nicht, aber wenn man so durch seine Werke blättert, bekommt man den Eindruck, als sei alles, was sich im Unterbewusstsein befindet, auf irgendeine Art schlecht.

Einer seiner Lehrschüler war Carl Gustav Jung.
Jung sah die Sache etwas anders und prägte den Begriff des Unbewussten. Und ganz ehrlich, mir persönlich gefällt dieser Begriff viel besser.
Er beschreibt diese große Kraft in uns am besten, denn alle Inhalte, die dort enthalten sind, sind uns nicht bewusst. Wir wissen nicht, was sich in unserem tiefsten Inneren befindet.
Warum? Weil diese Infos schlichtweg zu viel wären, um uns im Alltag damit auseinander zu setzen. Dies betrifft sowohl die Menge als auch die Qualität. Denn wer möchte schon tagtäglich mit den gesamten Emotionen seines Lebens (den guten wie den schlechten) im Kontakt sein?
Das Unbewusstsein ist somit als ein Schutzmechanismus zu verstehen, damit wir nicht durchdrehen.
Alle Infos, die für uns im Alltag zu viel, auch zu belastend oder unnötig sind, werden damit für uns unbewusst und somit nicht so einfach zugänglich.

Stell es dir einfach wie eine riesige Bibliothek vor. In dieser Bibliothek sind sekundengenau alle Erfahrungen deines Lebens dokumentiert - und das nicht zusammengefasst, sondern quasi in Real-Time. Das Spannende daran ist,
dass es nicht so eine altmodische Bibliothek ist, sondern eine Bibliothek, in der Verknüpfungen möglich sind.

In meiner Vorstellung sieht diese Bibliothek zwar dennoch aus wie aus einem Harry Potter Film entsprungen, aber stell dir vor, du könntest dort ein Buch aufschlagen vom 245. Tag deines 4. Lebensjahres um 13:43 Uhr und 12 Sekunden.
Ja, so genau funktioniert unser Unterbewusstsein. Es hat ziemlich genau gespeichert, was du zu diesem Zeitpunkt getan hast. Und vor allem, wenn es zu diesem Moment ein besonderes Erlebnis für dich gab, so hat es auch gespeichert, was du gefühlt hast!

Ist das nicht Wahnsinn?! Unser Gehirn und unser Unterbewusstsein sind noch immer der "leistungsfähigste Computer", den es gibt.

Ich sprach gerade über Verknüpfungen. Jetzt stell dir einmal vor, dass du auf dieser Seite für genau diese Sekunde deines Lebens eine Übersicht mit Verknüpfungen hast. Situationen, die thematisch zu dieser Situation passen.
Im Grunde ist es wie ein riesiges Wikipedia deines Lebens, welches einzelne Artikel (Erfahrungen) miteinander verknüpft.

Dann ist beispielsweise diese Erfahrung in deinem 4. Lebensjahr mit einer Erfahrung vor 2 Wochen verknüpft, weil sie aus dem gleichen Themenkomplex kommen.
Mit diesem Wissen bekommst du tatsächlich in etwa eine Vorstellung davon, warum wir uns schlecht von Gewohnheiten trennen können. Es gibt für manche Gewohnheiten einfach zu viele Verknüpfungen. Oder anders ausgedrückt: Die neuronale Verbindung ist nicht einfach nur eine Autobahn, sondern ein ganzes Straßennetz.

Doch schauen wir uns einmal an, wie unser Inneres überhaupt aufgebaut ist.

Als Menschen verfügen wir über 2 Bewusstseinsebenen. Das Bewusstsein und das Unterbewusstsein.

Das Bewusstsein

- ist der Teil, der denkt und plant
- verarbeitet Informationen
- folgt logischen Inhalten
- stellt die Sachebene dar

Um dir jetzt mal ein genaueres Bild zu machen, stell dir bitte einmal einen Eisberg im Meer vor.
Am besten so einen, der auch beim Untergang der Titanic eine Rolle gespielt hat.

Das sogenannte Eisbergmodell wird dir helfen zu verstehen, wie diese beiden Ebenen miteinander zusammenhängen.

Der obere Teil des Eisberges stellt das Bewusstsein dar. Also alles, wovon wir Kenntnis haben.

Der Teil des Eisberges, der unter Wasser ist, steht für unser Unterbewusstsein.

Hier kommt eine kleine Schätzfrage: Was meinst du, wie teilt sich dieser Eisberg auf?
Wieviel Prozent des Eisberges befinden sich über der Wasseroberfläche und wieviel darunter? Wieviel Prozent deines Alltags sind bewusst und wieviel Prozent deines Alltags werden von deinem Unterbewusstsein geregelt?

Nicht schummeln!

Also?

Eine Idee?

Ok, ich sag es dir. Es gibt keine konkrete Zahl dazu, weil

    1. Menschen sehr unterschiedlich sind und
    2. es einfach nicht messbar ist.

Aber es gibt Schätzungen aus der Gehirn- und Neuroforschung. Die Wissenschaft geht heutzutage davon aus, dass 80 - 95 % deines Alltags unbewusste Handlungen sind.
Das heißt, du lebst, ohne darüber nachdenken zu müssen, wie dein Alltag zu 80 - 95 % verläuft. Du läufst sozusagen auf Autopilot.
Die Spitze des Eisberges, die sichtbar aus dem Wasser ragt, ist also wesentlich kleiner als der unbewusste Teil, der unter der Wasseroberfläche liegt.

Dein Unterbewusstsein beinhaltet:

- deine Glaubenssätze und Überzeugungen
- die Steuerung über deine Körperfunktionen wie Atmung, Herzschlag, Hormonhaushalt
- alle Emotionen und Erfahrungen deines Lebens und deren Verknüpfungen
- Ängste
- Werte
- alle Automatismen und Gewohnheiten
- und vieles mehr

Du siehst also, dass das Unterbewusstsein einen weitaus größeren Anteil unseres Seins darstellt, als unser Bewusstsein. Und dennoch versuchen wir unsere Probleme immer mit DENKEN zu lösen.
20 % gegen 80 %. Was für ein hoffnungsloses Unterfangen!

Vor allem versuchen wir auch, emotionale also unbewusste Probleme durch Denken zu lösen.
Wenn dir der Satz "Im Kopf weiß ich es ja alles, aber ich kann es einfach nicht umsetzten" bekannt vorkommt, dann hast du ein Bewusstsein-Unterbewusstseins-Problem.

Dein Mindset ist übrigens komplett in deinem Unterbewusstsein zuhause.
Allerdings kann man Bewusstsein und Unterbewusstsein nicht wirklich voneinander trennen.
Genau so wenig, wie man Körper, Geist und Seele voneinander trennen kann.
Alles, was sich in deinem Unterbewusstsein befindet, musste zunächst dein Bewusstsein passieren.
Wenn du dir wieder den Eisberg mit der Eisbergspitze und dem größeren Teil unter Wasser vorstellst, konzentriere dich einmal auf die Wasseroberfläche. In der Hypnotherapie bezeichnet man diesen Teil als: kritischen Faktor.

Die Wasseroberfläche des Eisbergmodells fungiert fast wie ein Türsteher eines begehrten Clubs.
Dieser mentale Türsteher lässt herein, was:

1. zum Club passt - oder besser, was zu den Inhalten deines Unterbewusstseins passt
2. was häufig wiederholt wird

Ok, schauen wir uns die Kriterien des Türstehers einmal genauer an:
Was wird ins Unterbewusstsein gelassen:

WAS ZUM CLUB PASST
Du hast ja gelesen, dass dein Mindset im Unterbewusstsein beheimatet ist. Es ist also wirklich wie eine Art Disco, in die nur das passende Publikum Einlass findet. Um es mal ein wenig flapsig auszudrücken: Wenn dein Mindset dem einer Dorfdisco ähnelt, wird der Türsteher Gedanken, die zu einem Chici Mici Szeneclub gehören, schlichtweg nicht durchlassen.

Dein Unterbewusstsein lässt es also nicht so einfach zu, dass du von jetzt auf gleich ein neues Mindset etablierst.

Aber! - Es lässt herein, was häufig wiederholt wird.

HÄUFIGE WIEDERHOLUNG

Beharrlichkeit zahlt sich auch an der Clubtür aus, irgendwann wird dich der Türsteher durchwinken. Für die Arbeit am Mindset bedeutet das: Je mehr du bestärkende Gedanken in deinem Bewusstsein hältst, desto schneller wirst du den kritischen Faktor überwinden und diese Gedanken in dein Unterbewusstsein bringen.

Glaubenssätze

Das prägendste Element deines Mindsets sind deine Glaubenssätze.
Ja, fast könnte man diese beiden Begriffe auch synonym benutzen.

Glaubenssätze sind Sätze, die fast wie Gesetzte für dich wirken. Dabei kommt es nicht darauf an, ob ihr Inhalt wahr ist oder ob er falsch ist.
Glaubenssätze gelangen genau wie andere Inhalte in dein Unterbewusstsein,
wenn sie:

- zu den anderen Inhalten deines Unterbewusstseins passen
- ständig wiederholt werden
- eine emotionale Ladung beinhalten.

Ich möchte dir, bevor wir uns noch einmal genau anschauen, wie Glaubenssätze entstehen und gültig werden, ein paar Beispiele für Glaubenssätze zeigen:

Wir unterteilen positive oder förderliche Glaubenssätze und negative bzw. hinderliche Glaubenssätze.

Positive Glaubenssätze können so lauten:

- Erfolg ist ein fester Bestandteil meines Lebens.
- Ich bin ein echter Glückspilz.
- Bei mir kommen immer die richtigen Dinge zur richtigen Zeit.
- Das Leben liebt mich.
- Es wird immer alles gut.
- Ich bin es mir wert.
- Ich bin gut genug.
- Ich kann alles schaffen, was ich mir vornehme.
- Ich erschaffe mir ein wunderbares Leben.
- Ich bin liebenswert.
- Ich bin selbstbewusst.
- Ich habe es verdient, erfolgreich zu sein.
- Es ist leicht für mich, erfolgreich zu sein.
- Es gibt immer eine Lösung.
- Ich kann das.

Negative bzw. hinderliche Glaubenssätze können so aussehen:

- Immer ich!
- Nie ich!
- Ich bin ein richtiger Unglücksrabe.
- Ich bin nicht gut genug.
- Ich bin nicht liebenswert.
- Es ist schwer, Erfolg zu haben.
- Ich kann nicht.

- Ich bin nicht schlau genug.
- Ich bin zu dick.
- Bei mir geht immer alles schief.

In diesen beiden Aufzählungen siehst du schon einen gewaltigen Unterschied. Die meisten dieser Glaubenssätze beginnen mit „Ich bin". Sie beschreiben also deine Identität! Es gibt aber noch eine andere Kategorie von Glaubenssätzen, die einen enormen Einfluss auf unser Leben hat.
Die Redensarten. Warum ist das so, warum haben Redensarten so einen massiven Einfluss?

1. Weil wir ihnen gerade in jungen Jahren ausgesetzt sind, wenn z. B. unsere Eltern oder Großeltern immer wieder die gleichen Redensarten benutzen.
2. Weil sie einen hohen Wiederholungscharakter haben und bei jeder erdenklichen Gelegenheit gesagt werden.
3. Weil wir durch den Totschlag-Argument-Charakter der Redensart nicht den Inhalt hinterfragen.

Schau dir einmal folgende Redensarten an, die auch gleichzeitig negative Glaubenssätze sein können, wenn man sie regelmäßig ungefiltert am Türsteher vorbeischleust:

- Geld stinkt!
- Morgen beginnt wieder die Schule, dann beginnt der Ernst des Lebens!
- Was Hänschen nicht lernt, lernt Hans nimmermehr.
- Der Teufel scheißt immer auf den größten Haufen.
- Aus Knaben werden Leute, aus Mädchen werden Bräute.
- Geben ist seliger, denn Nehmen.
- Es wird gegessen, was auf den Teller kommt.
- Wenn Erwachsene Reden, dann halten Kinder den Mund.

Vielleicht wirst du beim Lesen denken: „Ja und, ist doch nicht so schlimm!"
Doch! Denn diese Sprüche haben auch alle eine umgekehrte Konsequenz:

- Morgen beginnt der Ernst des Lebens - Lernen und Arbeiten macht keinen Spaß.
- Was Hänschen nicht lernt - Es ist zu spät, das werde ich nie lernen.
- Der Teufel scheißt immer auf den größten Haufen - Ich habe nur einen kleinen Haufen, ich werde nie Erfolg haben.
- Aus Knaben werden Leute, aus Mädchen werden Bräute - Ich werde keinen Erfolg haben, ich muss mir einen Mann suchen, der mich versorgt.

- Geben ist seliger, denn Nehmen - Es ist nicht gut, Geld zu verdienen, ich habe dabei ein schlechtes Gewissen oder entscheide mich sogar unbewusst dagegen.
- Es wird gegessen, was auf den Teller kommt - Ich muss immer aufessen und kann nichts stehen lassen, weil es sich so gehört
- Wenn Erwachsene reden, halten Kinder den Mund - Wenn autoritäre Menschen reden halte ich mich zurück.

Es lohnt sich also, mal die eigenen Glaubenssätze zu analysieren.
Sie sind Teil deines Unterbewusstseins und du wirst sie häufig als wahr empfinden, obwohl sie das nicht sind. Warum das so ist, liest du im nächsten Kapitel. Doch zunächst ist es Zeit für einige

Reflektionsfragen:
Welche Redensarten kommen dir sofort in den Sinn?
Welche hast du immer wieder gehört oder auch selbst gesagt?
Sind es förderliche oder hinderliche Glaubenssätze?
Welche Konsequenz bringen sie mit?

Wie siehst du die Welt?

Jetzt fragst du dich vielleicht, wie diese Glaubenssätze nun funktionieren.
Ich gebe zu, manches Mal kann all das fast schon magisch klingen.
Und so fühlt es sich mitunter auch an. Doch der Grund, warum Glaubenssätze eine so riesengroße Rolle spielen, ist unser Gehirn und nicht irgendeine Zauberei.

Glaubenssätze bewahrheiten sich durch unsere Wahrnehmung.
Sie sind fast wie ein Filter, der die Dinge ausblendet, die nicht zu ihm passen.
Dazu musst du wissen, dass wir in unserem Inneren über zwei wichtige Teamplayer-Instanzen verfügen: den Denker und den Beweisführer.

Der Denker denkt und der Beweisführer filtert aus der Umgebung, was der Denker dachte.
Weil der Denker inhaltlich immer wieder das Gleiche denkt, rutschen seine Denkinhalte ins Unterbewusstsein und werden unablässig von dort aktiv gehalten.
Sie werden sozusagen für dich gültig.
Das sind dann diese typischen Gedankenschleifen, aus denen man mitunter nur schwer wieder herauskommt.
Der Beweisführer nutzt im Anschluss etwas, das wir selektive Wahrnehmung nennen.

Mit diesem Mechanismus hast auch du bestimmt schon Bekanntschaft geschlossen.

Stell dir vor, du möchtest ein neues Auto kaufen. Vielleicht ein bestimmtes Modell oder eine besondere Farbe. Du denkst also häufiger über dieses neue Fahrzeug nach. Und komischerweise siehst du plötzlich genau dieses Modell oder Autos mit genau dieser Farbe an jeder Straßenecke.
Nein, das ist keine Zauberei, das ist selektive Wahrnehmung!

Wenn du Mutter bist und an die Zeit denkst, in der du erfahren hast, schwanger zu sein, oder wenn du dir ein Kind wünscht, wirst du dieses Phänomen kennen. Du siehst plötzlich überall nur noch Frauen mit Babybäuchen oder Kinderwagen.
Die Anzahl der Schwangerschaften ist nicht plötzlich sprunghaft angestiegen. Nein, du nimmst sie einfach jetzt nur, dank selektiver Wahrnehmung, öfter wahr. Du hast deinen Filter durch die Auseinandersetzung mit diesem Thema darauf geschärft.

Bist du schon einmal auf der Suche nach etwas ganz Bestimmtem durch eine fremde Stadt geirrt? Sagen wir im Urlaub, auf der Suche nach einer Apotheke? Es hat ewig gedauert, bis du eine gefunden hast? Du kannst dich darauf verlassen, dass du in den nächsten Tagen sehr viele Apotheken sehen wirst, ohne dass du weiter danach suchst. Auch das geschieht dank selektiver Wahrnehmung und deinem Filter.

Die Welt ist das, was wir von ihr denken.
Diesen Satz hast du bestimmt schon einmal gehört. Doch wenn du ihn nun mit dem Wissen um die selektive Wahrnehmung betrachtest, bekommt er sicher noch einen tieferen Sinn für dich.

Unser Gehirn filtert also heraus, was zu unseren Glaubenssätzen passt. Das heißt aber im Umkehrschluss: Es muss eine ganze Menge anderes Zeug übrigbleiben, oder?

Ja, genau, eine ganze Menge!
Um genau zu sein: 11 Millionen Sinneneindrücke prasseln pro Sekunde auf einen Menschen ein. Unsere Großhirnrinde kann jedoch nur ca. 60 davon verarbeiten. Die restlichen 10.999.940 Sinneseindrücke rauschen schlicht an uns vorbei.

Das heißt, wir nehmen tatsächlich nur das war, was zu unserer Einstellung und zu unserem Mindset passt. Genau deshalb ist es so wichtig und elementar, unser Mindset zu gestalten. Weil es schlicht aber großartig über unsere Realität bestimmt.

Wo wir gerade bei der Realität sind. Es dürfte wohl klar sein nach diesen beeindruckenden Zahlen, dass es nicht DIE EINE Realität gibt. Das, was wir erleben, ist immer UNSERE Realität. Und darin liegt ein großer Schatz, den du unbedingt kennen solltest.

Wenn du in deinen 60 Sinneseindrücken pro Sekunde Dinge wahrnimmst, die dir nicht gefallen, wenn du dich dadurch klein, nicht gut genug oder unglücklich fühlst, wenn du Sachen erlebst, die dich darin bestätigen, dass du nicht genug kannst oder keinen Grund hast, glücklich zu sein, dann bleiben dir immer noch 10.999.940 tatsächlich existierende Sinneseindrücke, in denen eine andere Realität auf dich wartet.

So, wie du bist, die, die du bist, ist nicht festgeschrieben! Die Neuroplastizität sorgt dafür, dass du ALLES in deinem Leben so verändern kannst, wie du es möchtest. In dem du deine Glaubenssätze veränderst, änderst du deine Wahrnehmung. Du veränderst nachweislich (!) dein Gehirn. Du veränderst deine Realität, dein Leben! Und, das muss man sich mal vorstellen, einzig und allein durch deine vorherrschenden Gedanken! Durch das, was du aktiv in deinem Bewusstsein hältst, damit es vorbei am Türsteher in dein Unterbewusstsein rutscht und zu einer vorherrschenden Gewohnheit wird.

Vielleicht hast du schon vom "Gesetz der Anziehung" gehört? Bereits seit den 1980er Jahren kursiert diese Phrase in esoterischen und spirituellen Kreisen. Dieses Gesetz besagt kurz gesagt: Energie folgt Aufmerksamkeit. Wenn ich mir etwas lange genug vorstelle zu haben, dann wird es das Universum für mich bereitstellen.

Ich gebe zu, für viele Menschen, die eher keine Affinität zu Esoterik haben, klingt das wirklich abgehoben. Aber wenn du dir mal die selektive Wahrnehmung anschaust, ist es genau das Gleiche. Für alle, die also ein Problem mit dem "Esogedöns" ;) haben, gibt es also eine wissenschaftliche Erklärung für dieses Phänomen.

Wie lautet der Deal?

Also gehen wir mal ans Eingemachte. Wie läuft der Deal mit dem Unterbewusstsein?
Musst du nur lange genug an das denken, was du willst? Ja und nein! Wenn es um "kleine Sachen" geht, mit denen keine große Wichtigkeit einhergeht, dann kann das schon reichen.
Ein schönes Experiment ist, sich einen Gegenstand oder eine Farbe auszusuchen, mit der man das Bewusstsein eine Weile füttert. Es wird nicht lange dauern und dir wird diese Farbe oder dieser Gegenstand überall auffallen.

Ein weiteres beliebtes "Übungsobjekt" sind Parkplätze. Gerade in der Esoterikszene "wünschen" sich Menschen gern Parkplätze. Sie sind ein wunderbares Einsteigerobjekt. Allerdings muss man auch sagen, dass man ja wahrscheinlich sowieso einen finden wird und nicht dauerhaft in seinem Auto leben muss.

Der Punkt ist der, dass viele Menschen auf diese Art und Weise zu denken beginnen und irgendwann bemerken: „Hey, die einfachen Dinge gehen ja, aber die richtig großen Ziele erreiche ich irgendwie nicht. Im Gegenteil, ich bekomme irgendwie immer noch mehr von dem, was ich nicht will."

Woran liegt das?

Am Denker und Beweisführer!

Was? - wirst du jetzt denken. Ich denke, darin liegt die Lösung und nicht das Problem! Sowohl als auch!

Stell dir dein Unterbewusstsein mal wie eine Waage vor. Du hast rechts und links je eine Waagschale. Die eine Seite ist schwerer, darin sind die Dinge, die du nicht mehr möchtest.
Sagen wir, du bist in finanzieller Hinsicht noch nicht so zufrieden.
Da sind dann vielleicht Glaubenssätze und Überzeugungen drin, die dafür sorgen, dass dein Filter auf Mangel und Finanzsorgen eingestellt ist. Diese könnten so aussehen:

- am Ende des Geldes, ist immer noch so viel Monat übrig
- finanziell komme ich nie auf einen grünen Zweig
- ich strample mich immer ab und bin fleißig, aber irgendwie bin ich einfach nicht erfolgreich
- wer viel Geld hat, kann nur auf unehrliche Weise dazu gekommen sein

Das ist also auf der schweren Seite der Waagschalen. Was wir nun erreichen wollen, ist, dass die andere Seite schwerer ist. Weil, und ich denke da sind wir uns mittlerweile einig, du mit diesen Glaubenssätzen dein Ziel, finanziell zufrieden zu sein, nicht erreichen wirst.

Du beginnst also bewusst anders zu denken. So etwas nennt man Affirmationen oder Suggestionen und wir werden uns in einem anderen Kapitel noch genauer damit beschäftigen. Du denkst also eher Gedanken á la:

- Ich bin finanziell zufrieden.
- Ich weiß, dass ich es verdient habe erfolgreich zu sein.
- Ich bin ein richtiger Geldmagnet.

In dem Moment, wo du beginnst positiver zu denken, wird dein Beweisführer dir nicht sofort beweisen, was du denkst.

WEIL FÜR DICH NOCH DAS GEGENTEIL WAHR IST!

Die Waagschalen haben noch keinen Umkehrpunkt erreicht.
Er wird als Beweisführer seinen Job machen, auf der Basis der Inhalte des Unterbewusstseins zu diesem Thema. Rausgefiltert werden also die Dinge, die sich zum Thema Geld in der Mehrzahl in deinem Unterbewusstsein befinden.

Zu Beginn deiner Mindset-Veränderung wird es also höchstwahrscheinlich mehr Hinweise auf das geben, was du nicht möchtest, als auf das was du möchtest.

Weil es ganz einfach häufiger wiederholt wurde und weil es ein stärkeres neuronales Netz dazu gibt. Und wir erinnern uns, du läufst gerade über eine Wiese! Das erste Mal! Erwarte nicht, dass es sich so bequem anfühlt wie die gleichmäßige Oberfläche einer Autobahn.
Du wirst auch jetzt keine Autobahn sehen hier auf der Wiese. Deine Filter sind schlicht noch auf die alten Denkstrukturen eingestellt.

Warum? Unter anderem, weil du sie millionenfach über Jahre hinweg gedacht hast.

Wie lautet also der Deal? Bedeutet das, dass du, wenn du seit 30 Jahren Geldproblemmuster erzeugst, auch 30 Jahre brauchst, um ein Wohlstandsmuster in deinem Unterbewusstsein zu etablieren?

NEIN! (Du kannst jetzt aufatmen ;))

Der Deal besteht darin, dass du durch Wiederholung, Emotion und Ablenken des Türstehers deine Zielwaagschale füllst und den Umkehrpunkt der Wage erreichst.
Und dazu gibt es richtig gute Möglichkeiten, die ich dir sehr gern zeigen, aber auch erklären möchte.

Teil 2 - Die Praxis

Die Waage umkehren

Es gibt wirklich viele Wege, das Unterbewusstsein zu prägen oder sagen wir neu zu programmieren.
Das Wichtigste dabei ist dein Glaube. Denn eine Überzeugung ist nichts anderes als dein Glaube. Eine Gewissheit, sozusagen.
Wenn du bei einer Sache Gewissheit erreicht hast, dann wird sie dir dein Filtersystem auch präsentieren. Du wirst die entsprechenden Wahrnehmungen in deiner Realität, in deinem Alltag erleben.

Ob das nun kurz oder lang dauert, hängt von vielen Faktoren ab.
Am besten ist es, wenn du dich selbst einmal fragst:

Was brauche ich, um xy zu glauben?
Was brauche ich, um zu glauben, ich bin erfolgreich?
Was brauche ich, um zu glauben, ich werde es schaffen?
Was brauche ich, um zu glauben, dass ich gut genug bin?
Was brauche ich, um zu glauben, dass ich wieder gesund werde?
Was brauche ich, um zu glauben, dass ich einen Partner finde der zu mir passt?

Deine Antworten auf diese Fragen werden dir eine gute Richtung geben. Sie machen dir den Weg deutlich, der vor dir liegt.

Wie schaffen wir also nun so viele Wiederholungen unseres neuen Glaubenssatzes, um den alten aufzuheben? Wie können wir möglichst schnell unser gewünschtes neuronales Netz aufbauen.

Antwort Nummer 1:

Beharrlichkeit und Geduld.
Ich weiß, das ist es, was du jetzt so gar nicht lesen wolltest.
Aber ich möchte dir nichts vormachen: Du wirst in der Regel nichts über Nacht abbauen können, was du in Jahrzehnten aufgebaut hast. Du kannst aber ziemlich schnell etwas Neues aufbauen.
Und hier kommt uns unser Autobahngleichnis wieder zu Hilfe.

Stell dir einmal vor, deine Gedanken sind Autofahrer. Alle fahren über die gleiche Straße. Irgendwann entscheidet ein Stadtplaner, eine neue Straße anzulegen. Beide Straßen sind gleichzeitig befahrbar.
Zu Beginn werden nur wenige Autos die neue Straße nutzen. Die meisten werden aus Gewohnheit immer noch die alte Straße befahren und dann, so Stück für Stück werden immer mehr Autofahrer auf die neue Fahrbahn ausweichen.

Das heißt nicht, dass die alte Straße gleich weg ist. Sie wird nur einfach zunächst nicht mehr so häufig genutzt. Später dann, wenn sie keiner mehr benutzt, wird sie zurückgebaut.
Und genau so wird es mit deinen Gedanken und Überzeugungen auch sein. Konzentriere dich darauf, ein neues Netz zu bauen.
Ignoriere derweil das alte Netz und das, was du davon im Alltag zu sehen bekommst.
Es dauert seine Zeit und dein Beweiser wird dir auch zu Beginn häufig das Gegenteil von dem beweisen, was du denkst.
Sieh es als ersten Hinweis, dass du beginnst, dich selbst umzuprogrammieren.
Es ist schlicht seine Aufgabe, dir zu zeigen, welches Programm gerade Vorrang hat, welche Straße gerade aktuell die größte ist.
Aber lass dich nicht von dem einen oder anderen Rückschlag aufhalten.
Triff die Entscheidung, welchen Glaubenssatz du etablieren möchtest, oder anders gesagt, was du in deinem Leben möchtest - und dann bleibe dabei!

Affirmationen und Suggestionen

Die Definition einer Affirmation ist: Bejahung oder Bekräftigung. Das Gleiche gilt auch für Suggestionen, nur das hier von einer zweiten Person ausgegangen wird, die die Suggestion bei uns installieren möchte.

Alle Glaubenssätze und auch die vorhin genannten Redewendungen sind im Grunde Affirmationen, denn sie bekräftigen eine Haltung. Jeder selbst nur dahin gesagte Satz einer anderen Person ist von nahem betrachtet nichts anderes als eine Suggestion. Und nicht nur das, was gesagt wurde, kann man als Suggestion bezeichnen, auch das, was nicht gesagt wurde, ist eine Suggestion. Alle Handlungen, die dich in ein Gefühl bringen, sind Suggestionen. Denn alles, was Veränderung erzeugt, ist Manipulation. Selbst dieses Buch hier ist Manipulation, denn es soll dich verändern!

Stell dir vor, deine Mutter oder dein Vater hat es mit Worten, durch Schweigen, mit Blicken oder sonstigen Handlungen hinbekommen, dass du dich anders fühlst als noch wenige Momente zuvor. Vielleicht waren deine Eltern sehr unterstützend und du hast dich nach dem, was sie gesagt haben, sicher oder wertvoll gefühlt. Vielleicht hast du dich aber auch genau gegenteilig gefühlt nach dem, was sie gesagt oder getan haben. Sicher ist: Jeder von uns unterliegt täglich zahlreichen Suggestionen, die unser Gefühl und damit unsere Handlungen beeinflussen sollen. Und umgekehrt ist es genauso. Durch Worte, Blicke, Taten, Gesten etc. manipulieren wir andere in ihrem Empfinden so, dass sie sich möglichst so verhalten, wie wir es wollen. Und durch die Arbeitsweise des Unterbewusstseins geht keine dieser alten Suggestionen verloren. Suggestionen bauen gewissermaßen aufeinander auf. Eine Suggestion und ein Gefühl, das wir erfahren, wird quasi durchscannt und mit einer ähnlichen Erfahrung unseres Lebens verknüpft.

Wir sind also genau genommen Hypnotiseur und Hypnotisierter in einer Person.
Egal ob es darum geht, dass unser Kind sich möglichst schnell beeilen soll morgens im Bad oder ob wir unsere Kollegin mit unseren selbstgebackenen Keksen dazu bringen wollen, das Projekt zu übernehmen - wir suggerieren tagein, tagaus.

Auch in der Werbung soll sich unser Gefühl zu einem Produkt möglichst so verändern, das ein Kaufsog entsteht. Suggestion ist überall. Rund um die Uhr.

Das Zauberwort bei der Werbung heißt wie bei den Glaubenssätzen auch: Wiederholung! So ganz unclever sind die Hersteller nicht, wenn sie zu jedem Werbeblock in den unterschiedlichsten Medien ihre Suggestion - ihre Empfehlung aussprechen. Es soll in dein Unterbewusstsein! Du sollst nicht mehr darüber nachdenken müssen. Die Vorteile des Produkts müssen wie aus der Pistole geschossen kommen. Wollen wir es mal kurz ausprobieren?

Haribo macht...
Geiz ist....
Meister Propper putzt so sauber, dass man....
Auf diese Steine können sie....

Na, hast du die Sätze vollendet?
Falls nicht, kommt hier die Auflösung:

Haribo macht Kinder froh
Geiz ist geil - Media Markt
Meister Propper putzt so sauber, dass man sich drin spiegeln kann
Auf diese Steine können Sie bauen - Schwäbisch Hall

Dies soll dir keine Angst machen, es soll dir nur deutlich machen, dass du deine Wahrnehmung nicht ausschalten kannst. Dann wärst du nämlich bewusstlos und dann hätten wir ein richtiges Problem. ;)

Du kannst also deine Ohren nicht verschließen. Die Alternative, als Einsiedler irgendwo im Wald zu leben, klingt wahrscheinlich für die wenigsten von uns sexy.
Du kannst aber entscheiden, womit du dich selbst mental fütterst.
Du kannst deine eigenen Suggestionen wählen.
In diesem Fall würde man wieder von Affirmationen sprechen, weil sie ja nur dich betreffen und weil sie im ersten Schritt nichts manipulieren, sondern etwas stärken sollen. Ganz besonders sollen sie deine förderlichen Glaubenssätze aufbauen oder stärken.
Und das funktioniert am besten genauso wie die Werbung durch

- Wiederholung,
- einen knackigen Slogan
- und Emotionalität.

Klassische Affirmationen sollten idealerweise in der Ich-Form und in der Gegenwart formuliert sein. Also: „Ich bin selbstsicher. Ich bin jederzeit ruhig und gelassen."
Mach dir keine großen Gedanken, wenn das mal nicht immer funktioniert. Viel wichtiger sind die oben genannten drei Punkte.

Wenn man sich im Internet umschaut und einmal die Suchmaschine mit dem Schlagwort „Affirmationen" füttert, findet man derzeit ca. 3.000.000 Suchergebnisse. Darunter zahlreiche Vorschläge für wunderschön formulierte Sätze.

Doch eine Suggestion sollte vor allem merkbar sein, dich ansprechen und ein gutes Gefühl in dir erzeugen. Und jetzt kommt der Haken: Eine Suggestion sollte für dich bereits ein wenig glaubhaft sein.

Ein Beispiel.

Du möchtest von der Überzeung:
A: "Ich tauge nichts, ich bin nicht gut genug."
zur Überzeugung
B: "Ich kann alles schaffen, ich weiß, dass ich es wert bin."
kommen.

Prinzipiell sind damit alle drei Merkmale einer guten Affirmation gegeben:
- Wiederholung (sollte klappen)
- ein knackiger Slogan
- und Emotionalität.

Und dennoch gibt es hier einen Stolperstein, den ich dir gern ersparen möchte.
Denn zwischen A und B liegt ein Riesenunterschied. Es ist wie Tag und Nacht oder schwarz und weiß.
Frage dich, wenn du eine Affirmation beginnst: Was wird mein Türsteher tun?
In diesem Fall wird er die Suggestion sofort abweisen, denn:

Sie passt nicht zu den Leuten im Club - deinen vorherrschenden Gedanken.

Und was wird dein Beweisführer tun?

Er wird dir mit aller Kraft zeigen, was du *bisher geglaubt* hast.

Der Trick hierbei ist, eine Suggestion zu wählen, die dich von A nach B gleiten lässt.
Ich nenne diese Suggestionen: Erlaubnis oder Befähigungssuggestionen.
Der Übergang von A nach B ist nicht so hart. Und der kritische Faktor ist schon mal eher bereit, die Tür für dich zu öffnen.
Und so können Erlaubnis- oder Befähigungssuggestionen klingen;

- Ich gestatte mir, von Tag zu Tag immer glücklicher zu werden.
- Ich erkenne immer mehr an, was alles in mir steckt.
- Ich gestalte mein Leben täglich, immer öfter nach meinen Vorstellungen.
- Es geht mir von Tag zu Tag in jeder Hinsicht immer besser und besser.

Erkennst du den Unterschied? Diese Affirmationen sind eher prozessorientiert.
Sie beschreiben eine Veränderung, die jetzt beginnt und immer weitergeht. Dein Türsteher kann sie nicht so einfach aushebeln, denn sie sind nicht so leicht als unpassend zu erkennen.

Bei den klassischen Affirmationen ist es so, dass sie durch die Formulierung in der Gegenwart schnell widerlegt werden können. Der kritische Teil deines Verstandes wird immer wieder dazwischen quatschen und dir mitteilen, dass du ja eben nicht besonders glücklich oder erfolgreich bist.
Damit hast du keine Chance an der Tür zu deinem Unterbewusstsein.
Also wähle lieber die weichen Affirmationen als die klassische Variante. Zumindest solange, wie zwischen A und B noch Welten liegen. Wenn sich dein Mindset schon verändert hat, dann solltest du die Bekräftigung sowieso auf ihre Aktualität prüfen und schauen, ob du etwas daran verändern solltest.

Einer der wichtigsten Punkte ist die Emotionalität.
Du solltest uneingeschränkt Ja sagen können zu einer Affirmation. Und hier gibt es enorm viele Fallstricke, die ich dir ganz dringend erläutern möchte.

Fallstricke in der Affirmationsarbeit

Die Hauptgründe, warum viele Menschen die Arbeit mit Affirmationen wieder beenden, sind:

1. Das Ziel ist nicht klar!
2. Die Affirmation ist nicht passend.
3. Die Affirmation erzeugt nicht genug Gefühl.
4. Du kannst nicht uneingeschränkt Ja zu der Affirmation sagen.

Das Ziel ist nicht klar
Egal, wie eloquent manche Affirmationen formuliert sind, solange sie kein überprüfbares Ziel betreffen, ist es schwierig, dabei zu bleiben. Dann hast du schlichtweg keine Erfolgskontrolle.
Verbinde deine Affirmation gedanklich mit dem Ziel, ohne es zu benennen.
Wenn deine Affirmation lautet:
"Ich gestatte mir, mich von Tag zu Tag immer wertvoller zu fühlen.", dann schau dir mal an, wie du dich fühlst, wenn du das Ziel erreicht hast. Was sind klassische Situationen, in denen du bemerkst, dass sich etwas verändert hat.
Woran merkst du, dass du dein Ziel erreicht hast?

Die Affirmation passt nicht

Auch hier, wie auch in der Werbung, gilt: Der Wurm muss dem Fisch schmecken, nicht dem Angler. Deine Affirmation sollte so formuliert sein, wie dir „die Schnauze gewachsen" ist!

Wenn beispielsweise Worte in deiner Affirmation zu finden sind, die du sonst nicht benutzt. Dann wird diese Affirmation auch nicht durch die Tür in dein Unterbewusstsein kommen.

Deshalb werde ich dir auch keine Affirmationen vorschlagen. Als Inspiration können dir die 3 Mio. Suchergebnisse auf Google dienen, aber letztlich formuliere sie so, dass sie zu dir passen.

Die Affirmation erzeugt kein Gefühl

Ein weiteres wichtiges Merkmal von erfolgreichen Affirmationen ist das Gefühl, das du hast, während du sie denkst oder sprichst.

Ein nur so dahingesagter Satz, auch wenn du ihn noch so oft wiederholst, hat einfach keine Kraft. Wenn du einmal zurück auf dein Leben blickst und dich an die positiven aber auch negativen Highlights erinnerst, dann erkennst du, dass sie IMMER emotional waren. Diese hochintensiven Momente und Lebensphasen trugen genau deshalb zu deiner Veränderung bei, weil sie emotional waren. Deshalb haben sie auch Bedeutung für dich. Und besitzen eine massive transformative Kraft.

Letztlich sind wir immer auf der Suche nach einem Gefühl! Wir wollen die Beziehung, den Job, das neue Kleid immer für ein besseres oder bestimmtes Gefühl! Wir wollen uns durch etwas besser fühlen, als es uns noch jetzt in diesem Moment geht, und wir versprechen uns von diesen Dingen, dass sie es schaffen, dieses Gefühl in uns auszulösen. Im Prinzip sind der Job oder das Kleid nur Symbole für etwas, was wir jetzt innerlich sind. Der Begriff Statussymbole ist ja leider sehr maskulin und aggressiv besetzt. Aber treffender könnte man es nicht auf den Punkt bringen. Die teure Handtasche ist ein Symbol für einen inneren Status. Der könnte lauten: „Ich halte mich für etwas Besseres, deshalb kaufe ich High-End-Produkte." Es könnte aber auch bedeuten: „Ich bin es mir wert." Oder ungefähr eine Million andere innere Haltungen.
Im Grunde ist es aber nur eine äußere Anzeige für eine innere Haltung.
Du musst deshalb nicht nach Statussymbolen streben, aber ich hoffe, ich konnte dir klarmachen, dass die materielle Sache nur die sichtbar gewordene innere Haltung ist, die jemand angenommen hat, und nur dazu dient, ein gewisses Gefühl zu erzeugen oder zu bestätigen. Der zweite wichtige Punkt, warum Affirmationen am besten mit einer gewissen emotionalen Wucht einhergehen, liegt mal wieder in deinem Gehirn begründet.

Unser Gehirn kann, wenn man es mal überspitzt sagt, nicht unterscheiden zwischen dem, was du dir vorstellst, und dem, was du erlebst.

Nehmen wir mal an, deine Affirmation ist dazu angelegt, dass du dich selbst mehr wertschätzen kannst.
Wenn sie nun auch genau dieses Gefühl in dir erzeugt, hast du alles richtig gemacht! Du fühlst dich dabei wertvoll, sicher, fröhlich, weit, frei, geborgen, enthusiastisch, aktiv, leicht, unbeschwert oder ähnlich. Wie sich dein Gefühl für Wertschätzung dir selbst gegenüber anfühlt, ist sehr individuell.
Der springende Punkt ist: DU FÜHLST DICH BEREITS WERTVOLL!

Was bedeutet das? Das bedeutet, dass du dieses Gefühl schon kennst! Du kannst ja kein Gefühl haben, zu dem du keinerlei Referenz hast! Es ist also bereits in dir und das einzige, was du tust, ist, es zu aktivieren und es zu verstärken, so dass es zu einem gewohnheitsmäßigen Muster wird.
In deinem Gehirn passiert jetzt folgendes: Es baut zunächst dein bereits bestehendes kleines Neuronalnetz für Selbstwert aus. Und es aktiviert die gleichen Hirnareale, als wenn der Inhalt der Affirmation tatsächlich gerade so geschehen würde.
Es macht einfach keinen großen Unterschied zwischen Vorstellung und tatsächlich Passiertem. An dieser Stelle werden dir auch die Visualisierungen noch zugutekommen, die wir im nächsten Kapitel besprechen.

Außerdem schüttet es Dopamin aus! Und das, obwohl du nur ein "künstliches", ein gedanklich animiertes Gefühl hast. Es hat sich ja in deinen Lebensumständen nichts geändert und doch reagiert dein Gehirn mit der Ausschüttung dieses Glücks- und Belohnungsbotenstoffes. Und nach Dopamin sind wir gewissermaßen süchtig. Wir wollen immer mehr Dopamin. Es wird übrigens auch ausgeschüttet, wenn wir Schokolade oder überhaupt Zucker essen. Na, wenn das nicht einiges erklärt! ;)
Wir werden also die Affirmation mit einem Gefühl und das Gefühl mit Dopamin verbinden und da unser Körper nach dieser körperinternen Droge nur so lechzt, geben wir ihm natürlich, was er möchte, und machen unsere Affirmation möglichst emotional, damit sich unser neues neuronales Netz möglichst zügig und groß ausbauen kann.

Du kannst nicht uneingeschränkt "Ja" zu der Affirmation sagen
Kommen wir mal zu einem meiner Meinung nach völlig unterschätzten Stolperstein. Gemeinhin findest du in der Literatur und auch in zahlreichen Blogs und Artikeln zum Thema immer nur den Hinweis, die Affirmation möglichst häufig zu wiederholen, und dann wird es schon irgendwie klappen!

Nein, leider nicht! Dein Augenmerk sollte auch im Charakter deiner Worte liegen, sonst funktioniert es einfach nicht oder - was noch schlimmer ist - es verstärkt unbewusste Blockaden. Sicher kennst du das Gefühl, ein bestimmtes Ziel erreichen zu wollen, du strengst dich an, bist fleißig, gibst alles und doch kommt es dir so vor, als rennst du mit dem Kopf immer wieder gegen die gleiche Wand?!
Zunächst erstmal: Nein, du bist nicht zu dumm oder zu unfähig oder hast es nicht verdient. Du hast einfach nur ein komplexes neuronales Netz, das sich hier zeigt.

Ich möchte dir einmal deutlich machen, was ich meine:

Gehen wir mal davon aus, dass du dir mit deiner Affirmation eine Gewohnheit abgewöhnen möchtest. z.B. das Rauchen oder Naschen.

Dann könnte deine Affirmation lauten:

Ich lebe von Tag zu Tag gesünder, alles Ungesunde ist mir egal.

Klingt gut, könnte man meinen. ABER! Wenn du das in folgendem Kontext betrachtest, wird dir sicher deutlich, was ich meine.

Du hast zwei Kinder, bist alleinerziehend, vollzeitarbeitend, dein Feierabend beginnt etwa gegen 22:30 Uhr, wenn die Kinder im Bett sind und du den Haushalt erledigt hast (gar nicht so ungewöhnliches dieses Szenario, nicht wahr?!). Deine kleinen Inseln zwischendurch sind die Raucherpausen oder die kleinen Naschereien.
Sie bedeuten: Ruhe, Abschalten, Belohnung, Stressabbau, etwas nur für mich u. ä.

Stell dir vor, was es bedeutet, wenn man dir jetzt die Zigarette oder die Süßigkeiten wegnimmt.

Es erzeugt Stress! Noch mehr Stress, als du zuvor schon hattest. Und vor allem, du hast keine Strategie, mit diesem Stress umzugehen. Da dein Unterbewusstsein auch darüber wacht, dass es dir gut geht, da es auch dazu da ist, dein Überleben zu sichern und dich zu beschützen, wird es diese Affirmation einfach nicht annehmen. Es wird eine Blockade erzeugen, weil dein Ziel einen innerpsychischen Konflikt erzeugt.

Das Gleiche gilt auch für das Thema Erfolg.
Wenn deine Affirmation darauf angelegt ist, dass du beruflich erfolgreich sein möchtest, dann schau dir an, ob der Begriff Erfolg für dich durch und durch positiv belegt ist.
Für ganz viele Frauen bedeutet er nämlich auch gleichzeitig etwas Negatives:

- Ich habe nicht mehr so viel Zeit für meine Kinder.

- Ich könnte egoistisch wirken.
- Ich habe nicht mehr so viel Zeit für meine Hobbys.
- Wenn ich erfolgreich bin, muss ich meine alte Rolle verlassen und hinterlasse bei meinem alten Freundes- und Familienkreis ein Gefühl von Verrat.
- ...

Du siehst, Erfolg ist zwar ein tolles Wort, hat aber auch seine Tücken.

Beide Situationen kannst du entschärfen, indem du deine Affirmation so gestaltest, dass sie möglichst widerstandsfrei ist.
Analysiere genau, wie dein Schlagwort für dich besetzt ist und ob es in dir ein gutes Gefühl hinterlässt oder ob es einen gewissen Nachgeschmack bei dir erzeugt.

Kopfkino
Ich denke, jetzt bist du gerüstet für den ersten verbalen Teil deiner Mindset-Kreation. Doch was wäre das Verändern deines Mindsets ohne innere Bilder? Nichts!

Du kannst also deine Affirmationen noch mit richtigen Bildern ausstatten, ja, sogar mit Filmen. Du kannst dabei richtig kreativ werden. Du erlebst dich dabei am Ziel oder dabei, wie dein Leben aussieht, wenn du dein Ziel erreicht hast. Das Ganze natürlich wieder möglichst emotional und lebensecht. Dieser Vorgang nennt sich dann Visualisierung. Sicher kennst du diesen Begriff. Die Frage, die mir dazu ganz häufig gestellt wird, ist: „Wie soll ich mir das denn vorstellen? Ganz umfangreich? Oder doch eher einen kleinen Ausschnitt? Wie einen Film oder wie ein Foto?"
Und auch hier gilt: So, wie es das beste Gefühl in dir erzeugt!

Du kannst das machen, wie du möchtest. Du kannst das große Ganze sehen oder nur einen kleinen Gesprächsschnipsel - und dennoch gibt es zwei kleine Geheimtipps, die du benutzen kannst.

Tipp Nr. 1: Erlebe dich in deiner Visualisierung so, als ob du die Situation durch deine eigenen Augen siehst. Das nennt man dann assoziiert. Wenn du dich wie auf einem Video oder einem Bild selbst sehen würdest, also dissoziiert, ist die Wirkung auf dich weniger emotional. Dein Gehirn und die aktiven Hirnareale können mehr mit der assoziierten Visualisierung anfangen.

Tipp Nr. 2: Stell dir vor, du denkst über deine Vergangenheit nach.

Als Beispiel könntest du dir vorstellen, mit deiner Freundin ein Glas Prosecco zu trinken (Tee geht natürlich auch ;)). In deiner Vorstellung erzählst du ihr dann von deinem Erfolg und wie du ihn bereits erreicht hast. Du hörst sie sagen, wie klasse sie das findet und dass sie sowieso immer an dich geglaubt hat. Mach es schön bunt, statte es so aus, dass du dich dabei sensationell fühlst. Sei Superwoman! Schwelge sozusagen in deinen Erinnerungen.

Durch diese Technik nimmst du dir selbst ein Stück des Zweifels, ob du es schaffen wirst, und machst dir die Zielerreichung ein wenig leichter.

Du bist der Regisseur!

Du hast jetzt nichts anderes zu tun, als deine Affirmation und deine Visualisierung zusammenzufügen.
Dazu brauchst du Ruhe! Wenn du bereits Meditationserfahrung hast, nutze sie!
Wenn du bisher noch nichts damit zu tun hattest, dann setz dich einfach an einen Ort, wo du für 10 - 20 Minuten deine Ruhe hast. Achte zunächst auf deinen Atem. Wenn deinen Gedanken herumspringen, mach dir keine Sorgen. Das ist normal. Wir können nicht nicht denken! Du solltest deinem Geist also etwas zu tun geben und das ist der Fokus auf deinen Atem. Du kannst beim Ausatmen einfach das Wort "Ruhe" oder "Entspannt" denken. Und beim Einatmen "Mehr"
Dein Atem Mantra lautet dann also Mehr (Einatmen) - Ruhe (ausatmen).
Schließe am besten deine Augen dabei, damit du möglichst viele Umgebungsreize ausschließt. Wenn du merkst, du kommst so langsam bei dir an, beginnst du mit deiner Visualisierung und/oder Affirmation.

Mach bitte keine Raketenwissenschaft daraus. Mach es nicht komplizierter, als es ist. Es geht lediglich darum, ruhig und nach innen fokussiert zu werden.
Die Wiederholung wird dir Übung und Routine bringen und es wird dir immer leichter fallen, in den Ruhezustand zu kommen, den du benötigst, um möglichst effektiv an deinen Zielen zu arbeiten.

Richtig günstige Momente sind die, wo du sowieso schon ruhig und entspannt bist. Leg dann einfach eine 5-Minuten-Powersession ein. Zum Beispiel bei folgenden Gelegenheiten:

- In der Sauna
- Bei der Kosmetik oder Massage
- Beim Einschlafen
- Beim Aufwachen
- Beim Sonnenuntergang auf deinem Balkon
- In der Werbepause eines romantischen Films

Ich bin mir sicher, dir fallen noch mehr Gelegenheiten ein.

Time to say goodbye

So, meine Liebe, wir nähern uns langsam der Zielgeraden! Vielen Dank, dass du mir bis hierher gefolgt bist! Es zeigt, dass du es ernst meinst. Und da ich weiß, wie wir Frauen uns manchmal in ein Thema verbeißen können, möchte ich dich noch um ein paar Dinge bitten.

Nimm die Leichtigkeit dazu
Bitte lass diesen ganzen Veränderungsprozess leicht gehen. Beobachte dich selbst mit einer großen Portion Humor und Selbstironie. Das heißt nicht, dass du sarkastisch werden sollst. Sarkasmus ist der kleine Bruder der Verbitterung.
Gehe liebevoll mit dir um, auch wenn es dir gerade nicht schnell genug geht.
Etabliere einen liebevollen Umgang mit dir selbst. Dein innerer Dialog sollte nicht anders klingen als das Gespräch mit deiner besten Freundin, wenn sie ein Problem hat.
Es nützt nichts, dich ständig selbst zu kritisieren, damit marschierst du mindset-mäßig genau in die falsche Richtung. Also hab dich bitte lieb!

Bitte gib nicht auf!

Ich kenne keinen einzigen erfolgreichen Menschen, der von sich selbst sagt: „Ich bin die Geduld in Person. Von mir aus kann alles immer lange dauern." Es ist ja auch ganz natürlich, dass wir das, was wir uns wünschen, möglichst schnell haben oder erleben wollen. Wir sind davon begeistert und wollen es haben. Jetzt!
Aber selbstverständlich wissen wir, dass es nicht immer so einfach ist. Ich möchte an dich appellieren, dass du dran bleibst, wenn du etwas möchtest. Vielleicht lohnt es sich, hin und wieder zu überprüfen, ob das Ziel überhaupt noch aktuell ist. Auch Ziele und Wünsche verändern sich. Aber sollte es noch aktuell sein, nutzt deine "weibliche Sturheit", um einfach weiterzumachen, bis du am Ziel bist.

Bitte um Unterstützung
Du bist nicht allein! Auch wenn du dich manchmal allein fühlst. Das liegt vielleicht auch daran, dass du denkst, du müsstest alles allein schaffen.
Nein! Du kannst jederzeit um Feedback, Tipps oder Unterstützung bitten bei Frauen, die schon da sind, wo du hin möchtest. Die schon das verkörpern, was du sein willst. Du kannst dir einen Coach suchen, mit dem du an deinem Ziel arbeitest. Du kannst auch mich fragen, ob ich daran mit dir arbeiten kann. Schick mir einfach eine Mail und lass uns schauen, wie wir deinen Träumen Starthilfe geben können. (johanna.twill@web.de)
Aber eins bist du nicht - allein! Du kannst in FB-Gruppen nach Gleichgesinnten suchen und ihr könnt euch gegenseitig unterstützen.
Aber glaube nicht diesem giftigen Gedanken, du wärest allein.

Liebe Leserin,

wir sind jetzt angekommen am Ende dieses Buches. Aber deine Reise soll hier erst so richtig losgehen! Ich wünsche dir von Herzen, dass du nach den Sternen greifst, dass du dir erlaubst, groß zu denken. Dass du erkennst und anerkennst, was in dir steckt, und dich traust, der Welt deine Größe und dein Herz zu zeigen. Ich wünsche mir für dich, dass dein Leben zu einer Erfolgsgeschichte wird. Egal, wie du Erfolg definierst.

Zum Abschluss möchte ich dir noch ein paar Fragen an die Hand geben, die du dir von Zeit zu Zeit immer mal wieder stellen solltest.
Sie haben eine große transformierende Kraft. Unterschätze sie nicht. Glaube mir, dein Unterbewusstsein wird mit ihnen arbeiten und du wirst davon profitieren.

- Welchen Vorteil hast du von einem kleinen Mindset?
- Wozu ist es gut?
- Wem hat es gedient?
- Dient es dir noch?
- Was würdest du verlieren, wenn du zu einem positiveren Mindset wechseln würdest?
- Was hindert dich daran?
- Brauchst du deine negative Haltung noch oder kannst du sie heute hergeben?

- Was ist das Schlimmste, was dir passieren könnte, wenn du dein Ziel erreicht hast?
- Was ist das Beste, was dir passieren könnte, wenn du dein Ziel erreicht hast?
- Wie fühlst du dich, wenn du dein Ziel erreicht hast?
- Wie reagieren deine Lieblingsmenschen, wenn du dein Ziel erreicht hast?

Mit diesen Zeilen wird es Zeit, Tschüss zu sagen. Vielleicht lernen wir uns ja eines Tages persönlich kennen, wie gesagt, zögere nicht, mir eine Mail zu schreiben, wenn du denkst, ich könnte dich unterstützen **(johanna.twill@web.de)**.

Bevor du loslegst, ich würde mich sehr freuen, wenn du dieses Buch auf Amazon bewertest und mir ein paar Sterne schenkst. Unterstütze mich damit, so wie ich dich jetzt unterstützt habe. DANKE! Vielleicht kennst du auch eine Freundin, die mein Buch unbedingt lesen sollte? Dann schick ihr doch einfach den Link. Lass uns viele werden!

Doch nun los, erobere deine Welt! Werde die, die du sein willst!

Alles liebe,
deine Johanna Twill

Alle Rechte vorbehalten.
Nachdruck, auch auszugsweise, verboten.
Kein Teil dieses Werkes darf ohne schriftlich Genehmigung des Autors in irgendeiner Form reproduziert, vervielfältigt oder verbreitet werden.
Johanna Twill wird vertreten durch:
Anja Winkelmann/ Dorfstr. 14/39175 Menz / info@avicosa.de
Covergestaltung: Anja Winkelmann
Coverfoto: Shutterstock.com/ Rawpixel.com

www.ingramcontent.com/pod-product-compliance
Lightning Source LLC
Chambersburg PA
CBHW030458220526

45464CB00006B/2571